Tremi por dentro

Cleber Galhardi

ilustrações: Rafael Sanches

Olá! É muito bom estarmos juntos.

Talvez você me conheça de outro livro, chamado Fervi por dentro. Se não me conhece, é melhor me apresentar. Meu nome é

Aguar.

Pode ser que ache meu nome estranho, mas, assim que eu explicar o significado dele, quem sabe você mude de opinião.

A origem do meu nome é simples e quer dizer:

Anjo Guardião

Gosto muito de brincar com as palavras. Acho que elas são mágicas. Não estranhe, por favor; pode ter certeza de que será muito divertido. Quando se acostumar com essa brincadeira, nossa conversa ficará bem mais fácil.

Gostaria de falar um pouco com você sobre uma emoção chamada medo. Você sabe o que é medo? Medo é

"SIDEAL"

SINAL DE ALERTA

Isso mesmo. O medo é um sinal de alerta, uma sensação muito importante que é como um amigo ensinando-nos a evitar perigos e riscos desnecessários. Toda vez que ele aparece é para nos proteger de situações que nos ameacem.

Quem tem medo de atravessar uma rua, por exemplo, olha para os dois lados e observa se existe algum veículo que possa atingi-lo. Nesse caso, o medo é responsável por evitar um acidente. Viu como o medo é importante?

Mas atenção! É preciso separar

meredomeima.

Entendeu? Não? Calma, eu explico; quero dizer:

MEDO REAL DO MEDO IMAGINÁRIO

Medo real é quando sei que algo pode acontecer e me protejo.

Medo imaginário é aquele que não existe mas, mesmo assim, me deixa paralisado, sem fazer nada. O medo imaginário nos prejudica, por isso precisamos evitá-lo, senão ficaremos sofrendo por algo que nem aconteceu ou que sequer existe. Uma coisa é prestar atenção quando for atravessar uma rua; outra coisa é deixar de atravessá-la porque tenho medo de ser atropelado.

O medo real me faz ter cuidado, já o medo imaginário me impede de atravessar a rua, e essa não é uma sensação agradável.

Já que estamos no assunto, do que você tem medo? Ele é real ou imaginário? Vamos conversar sobre alguns medos e ver se você possui algum deles?

Um dos medos mais comuns é o

"MEDER"

ou

MEDO DE ERRAR

13

Pois é, apesar de não gostar da ideia, todos erramos em algum momento. Sabe por quê? Porque somos humanos, e seres humanos cometem erros. Não há problema algum em cometer erros; o problema é não admiti-los e continuar agindo errado. Assuma seus erros e tente agir melhor na próxima oportunidade. Combinado?

Podemos continuar? Estamos cada vez mais íntimos, e é muito bom fazer um novo amigo, não é mesmo? Falando em amizade, quero que saiba de algo que acontece muito com a gente, principalmente quando estamos conhecendo alguém. É o famoso

"MEDENASERA"

MEDO DE NÃO SER ACEITO

Sabe de uma coisa? Todos nós gostaríamos de ser um pouco diferentes do que somos.

Tem gente que queria ter cabelos encaracolados, outros queriam um nariz diferente. Existem aqueles que não se acham bonitos e também os que não se acham inteligentes. Esse monte de pensamentos desagradáveis nos faz ter medo de não sermos aceitos pelos outros. Mas olha só: ninguém é perfeito! Claro que pode acontecer de alguém não ir muito com a nossa cara... Nesse caso, respeite a opinião dessa pessoa e busque a companhia daqueles que gostam de você do jeito que você é. Não queira fingir algo que não é; não vale a pena. A maioria das pessoas quer alguém verdadeiro a seu lado, e não alguém perfeito.

Sabe de uma coisa? Estou adorando essa conversa. Está cada vez mais divertido esse nosso bate-papo. Agora, acho que podemos conhecer o

"MEDEARE"

MEDO DE ASSUMIR RESPONSABILIDADES

Responsabilidade é responder por aquilo que fazemos. Às vezes temos medo de assumir o que fazemos e tentamos esconder nossos atos de nossos pais, amigos, tios ou outros conhecidos. Essa não é uma atitude legal. Pode ser que outra pessoa sofra as consequências do que fizemos em nosso lugar. É o que chamamos de desonestidade, ou seja, a capacidade de enganar.

Por pior que seja a situação, quando fizer algo que não foi bom, diga que foi você o responsável e fale também sobre os motivos que o levaram a agir assim. Na maioria das vezes, quando explicamos por que tivemos certos comportamentos, temos a oportunidade de ser compreendidos, sem que prejudiquemos outra pessoa. Pense nisso!

Vou confessar uma coisa. Aos poucos estou perdendo o medo de ter medo. Acho que estou mudando meu jeito de olhar para essa emoção. Por falar nisso, existe o

"MEDEMU"

Já ouviu falar dele? Você deve tê-lo sentido algumas vezes:

MEDO DE MUDAR

Pois é. De vez em quando a danada da mudança aparece em nossa vida. Mudar de escola, de sala de aula, de horário de acordar e até mesmo de cidade, apesar de não estar em nossos planos, pode ser necessário.

Nessa hora, é preciso entender que as mudanças são parte do processo da vida. Olhe para seu corpo. Ele está mudando o tempo todo, não está? Sei que é difícil enfrentar a mudança, porque significa abrir a porta para algo novo entrar. E tudo o que é novo causa medo, embora ele seja necessário. Pense que novos amigos, novos conhecimentos, novas oportunidades chegarão com as mudanças. Enfim, há um monte de coisas boas aguardando por você!

Talvez você pense: "Mas não quero perder meus amigos!" Eu entendo. Saiba que não vai perdê-los, pois não perdemos aqueles que amamos. Apesar da distância, se esse for o caso, você pode ligar para seu amigo, pedir a seus pais que o levem para visitá-lo, usar algum meio eletrônico para mandar mensagens. Aceite a mudança e não permita que o medo tire sua oportunidade de aprender um pouco mais.

E então, está se sentindo melhor?
Espero que sim. Diga a verdade,
não tenha medo de falar aquilo que
sente, afinal, nossos sentimentos são
importantíssimos para nós e temos
de dar atenção a eles.

"FAÇA O QUE ESSE"

FALE O QUE ESTÁ SENTINDO

Muitas vezes tentamos esconder que estamos sentindo algo. Isso não é nada bom. Lembre-se: somos humanos, e humanos sentem emoções. Diga frases como "Não sei por que, mas estou com medo", "Esta situação me faz sentir medo". Depois converse com seus pais ou com alguém em quem confie. Falar deixa as coisas mais fáceis, sabia?

Há tanta coisa para falar sobre o medo, que nem percebi que estamos quase no final do livro! Mas vamos continuar mais um pouco.

Lembrei-me daqueles homens e mulheres de branco e daquelas coisinhas afiadas que às vezes eles utilizam. Por incrível que pareça às vezes, eles são nossos amigos. Então, não tema

médea, está bem?

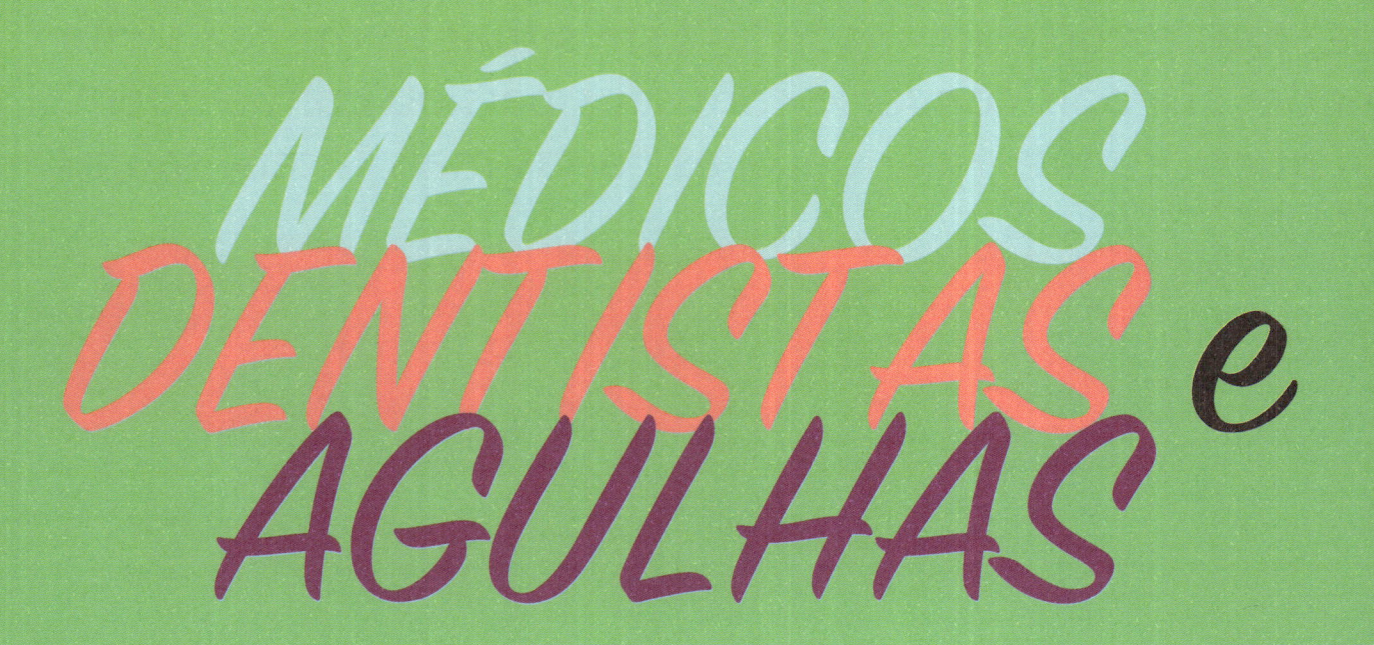

MÉDICOS DENTISTAS e AGULHAS

Veja, todos ficamos doentes de vez em quando. Nessa hora, precisamos de especialistas. Seus pais o amam, mas não são especialistas em saúde, a não ser que sejam médicos ou dentistas.

Os médicos e dentistas, por sua vez, também não conseguem nos curar sozinhos. Esses amigos precisam da ajuda de remédios e às vezes até de injeções. Sei que a agulha de uma injeção pode doer um pouco, porém, quando precisar, não tenha medo. São esses especialistas que vão curar você, permitindo que volte às suas atividades novamente!

Será que agora podemos voltar a dizer que o medo é um amigo? Acredito que sim! Lembre-se de que ele é apenas um sinal de alerta e não deve nos impedir de termos uma vida normal e repleta de aventuras.

Deixei por último um assunto do qual poucos gostam de falar, mas que é parte de nossa vida. Todos nós, um dia, o enfrentaremos:

medamo.

MEDO DA MORTE

Você já percebeu que tudo o que existe sofre transformações? Olhe para uma árvore. As folhas possuem etapas. Tem época em que estão lindas. Tem época em que vão secando, mudando, mudando... até caírem no chão. Depois, algo incrível acontece: elas renascem cheias de beleza.

Tudo o que é vivo passa por etapas de transformação que podemos chamar de morte, mas o lado bom disso é que tudo sempre renasce. Talvez você esteja se perguntando: "E nós, também renascemos?" Sim!! Somos muito mais que apenas um corpo! O que morre é somente o corpo físico. Continuamos a existir em outro local, chamado mundo dos espíritos. Lá temos uma vida muito parecida com a que temos na Terra, e o legal é que um dia também renasceremos aqui.

Outra coisa muito importante é que, no mundo dos espíritos, poderemos encontrar amigos e familiares queridos que já foram para lá antes de nós. Por isso, quero dizer a você que não tenha medo da morte, pois ela faz parte da vida!

Sim, a morte é apenas uma nova etapa que temos de enfrentar. Quando perder alguém que ama, lembre-se de que um dia vocês estarão juntos novamente, combinado?

Juntos!

Bem, chegamos ao final da nossa conversa! Adorei passar esse tempo com você. Espero que tenha gostado deste bate-papo e também tenha entendido um pouco mais dessa emoção muito importante para nós, chamada medo!

Desejo que a gente volte a se ver em breve. Muito obrigado pela sua companhia e que

JEPROSUVI.

ATÉ O PRÓXIMO ENCONTRO, OU MELHOR, O PRÓXIMO LIVRO!